베껴 쓰는
워크북
시리즈

초등 저학년
베껴 쓰기가
답이다!

베껴라 베껴!
받아쓰기왕 3

퍼플카우콘텐츠팀 글 · 이우일 그림

퍼플카우
Purple Cow

머리말

"즐겁게 베껴 쓰는 어린이가 받아쓰기왕!"

어린이 여러분! 반가워요. 제 이름은 서보라입니다. 이 책에 선생님으로 등장하고 있어요. 저자들을 대신하여 머리말을 통해 여러분과 인사를 나눠요.

받아쓰기 실력은 한글맞춤법 실력입니다.

도대체 받아쓰기는 무엇일까요? 학교에서는 왜 받아쓰기를 시키는 걸까요? 받아쓰기는 초등학생들을 괴롭히려는 선생님들의 심술일까요? 그럴 리가요. 받아쓰기는 글쓰기를 잘하게 만들기 위한 과정입니다. 한글맞춤법 실력을 키우는 첫걸음이 바로 받아쓰기입니다.

완벽한 받아쓰기는 사실 어른도 쉽지 않습니다.

소리 나는 대로 쓰되 어법(한글맞춤법)에 맞게 써야 하는 받아쓰기는 결코 쉽지 않습니다. 부모님을 비롯한 대부분의 어른들에게도 표기법과 띄어쓰는 법까지 받아쓰기를 완벽하게 하기란 어려운 일입니다. 받아쓰기를 만만하게 생각하거나 얕잡아 봐서는 안 되는 이유이죠.

받아쓰기, 어렵게 공부하지 마세요.

잘 받아쓰는 것이 어려운 일이라고 해서 받아쓰기 공부도 어렵게 해야 할까요? 천만에 말씀입니다. 억지로 공부하려고 하면 점점 더 잘하기 어려워집니다. 받아쓰기는 결국 글쓰기 공부입니다. 평소에 쓰는 우리말이잖아요. 즐겁게 공부해야 더 잘하게 됩니다.

베껴 쓰기는 요령이 아니라 원리를 심어줍니다.

글쓰기 공부는 베껴 쓰기가 최고입니다. 머릿속으로 생각만 하면 저절로 되는 공부가 아닙니다. 자기 눈으로 베껴 쓸 글을 정확히 읽고, 손으로 직접 베껴 쓴 후, 잘 썼는지 스스로 확인해야 베껴 쓰기가 완성됩니다. 그러면 원리가 자연스럽게 스며들지요.

받아쓰기 시험, 걱정하지 마세요.

학교에서 보는 받아쓰기 시험은 미리 나눠준 자료를 가지고 실시합니다. 대부분의 어린이는 시험 전에 미리 외워 가지요. 배우지 않은 글로 받아쓰기 시험을 보는 것이 아니라면 전혀 걱정할 필요가 없습니다. 시험보다 더 문제는 우리말 글쓰기 실력입니다.

받아쓰기 100점은 목표가 아니라 결과입니다.

《베껴라 베껴! 받아쓰기왕》(전4권)과 함께라면 받아쓰기는 문제없어요. 이 책을 통해 즐겁게 베껴 쓰면서 꼭 필요한 글쓰기 기본 원리를 자연스럽게 자기 것으로 만들면 되기 때문입니다. 받아쓰기 시험 100점은 베껴 쓰기의 목표가 아니라 당연한 결과랍니다.

저자들을 대신하여, 서보라 선생님이 씀.

20단계 프로그램으로 받아쓰기 원리가 쏙쏙!

　이 책은 초등학교 1, 2학년이 반드시 익혀야 할 낱말을 받아쓰기 원리에 따라 20단계로 나누었습니다. 학년에 관계 없이 1권부터 공부할 수 있으며 받침이 없는 쉬운 글자부터 표기와 발음이 달라 어려워지는 글자까지 차근차근 난이도를 높여가며 총 4권으로 구성하였습니다.

1권

1단계	자음과 모음	자음과 모음의 발음자를 익혀요.
2단계	받침이 없는 쉬운 글자	쉬운 자음과 모음이 합쳐진 글자를 배워요.
3단계	받침이 없는 어려운 글자	어려운 모음 'ㅓ, ㅔ, ㅖ' 등을 구별해요.
4단계	받침이 있는 쉬운 글자	쉬운 받침이 있는 글자를 배워요.
5단계	받침이 있는 어려운 글자	받침과 어려운 모음이 있는 글자를 배워요.

2권

6단계	같은 자음이 겹치는 겹글자	같은 자음이 겹쳐서 이루어진 글자를 배워요.
7단계	받침이 뒤로 넘어가는 글자	앞의 받침이 뒤에 오는 글자의 첫소리로 넘어가요.
8단계	된소리가 나는 글자	앞의 받침 때문에 뒷글자에서 된소리가 나요.
9단계	소리나 모양을 흉내 낸 글자	소리나 모양을 흉내 낸 글자를 익혀요.
10단계	틀리기 쉬운 글자	'이'와 '히' 틀리기 쉬운 글자를 익혀요.

3권

11단계	구개음으로 바뀌는 글자	앞의 받침 때문에 구개음으로 바뀌어요.
12단계	거센소리가 나는 글자	앞의 받침 때문에 뒷글자에서 거센소리가 나요.
13단계	받침의 표기와 소리가 다른 글자	받침을 적을 때와 발음할 때가 달라요.
14단계	자음의 발음이 닮아가는 글자	앞 글자의 받침과 뒷글자의 첫소리가 서로 닮아가요.
15단계	발음이 같아서 헷갈리는 글자	발음은 같은데 쓰는 법은 다른 글자를 익혀요.

4권

16단계	사이시옷을 붙이는 글자 1	사이시옷을 붙이는 글자를 익혀요.
17단계	사이시옷을 붙이는 글자 2	사이시옷을 붙이는 글자를 익혀요.
18단계	자음이 첨가되는 글자	음이 첨가되어 소리가 바뀌는 글자를 배워요.
19단계	받침이 두 개인 어려운 글자	받침 두 개가 겹치는 글자를 배워요.
20단계	예사말과 높임말	밥과 진지가 어떻게 다른지 알아 봐요.

학습 효과가 뛰어난 단계별 평가와 교과서 속 받아쓰기 문장 수록

낱말 쓰기

같은 원리를 가진 낱말끼리 모아 여러 번 읽고 베껴 쓰다 보면 자연스럽게 그 원리도 깨치게 될 겁니다. 그림을 통해 의미를 파악할 수 있으며, 아직 글씨 쓰기에 익숙하지 않은 아이가 혼자서 또박또박 글씨 쓰는 연습을 할 수 있습니다.

어구와 문장 쓰기

각 단계에서 배운 낱말들을 어구 또는 문장으로 만들어 베껴 쓰기 연습을 할 수 있습니다. 두 개 이상의 낱말을 비교하면서 차이를 확인할 수 있고 띄어쓰기도 자연스럽게 익히도록 구성하였습니다.

단계별 평가

각 단계마다 4페이지씩 '평가'를 수록하였습니다. 앞에서 배운 낱말의 의미와 맞춤법을 제대로 익혔는지 확인할 수 있습니다. 잘못 쓴 글자를 보면서 고치는 문제를 수록하여 각 단계가 끝날 때마다 배운 내용을 확실히 복습할 수 있게 도와줍니다.

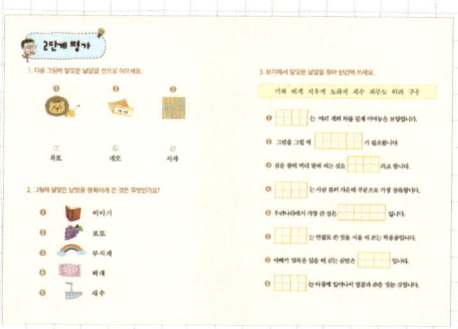

국어 교과서 따라잡기

2013년 개정 교과서에 나오는 출제 빈도가 높은 문장을 중심으로 받아쓰기 문제를 수록하였습니다. 부모님이 직접 문제를 불러주세요. 초등학교 입학 전에는 예습용으로 사용하고, 입학 후에는 아이가 국어 교과서의 낱말과 문장을 잘 받아쓸 수 있는지 확인할 수 있습니다.

차례

머리말 - 2
이 책의 구성 - 4
소리의 변화 3 - 거센소리되기 - 8
소리의 변화 4 - 자음동화 - 10

11단계 구개음으로 바뀌는 글자

낱말 쓰기 1 - 14
낱말 쓰기 2 - 15
낱말 쓰기 3 - 16
낱말 쓰기 4 - 17
어구와 문장 쓰기 1 - 18
어구와 문장 쓰기 2 - 19
어구와 문장 쓰기 3 - 20
어구와 문장 쓰기 4 - 21

11단계 평가 - 22

12단계 거센소리가 나는 글자

낱말 쓰기 1 - 28
낱말 쓰기 2 - 29
낱말 쓰기 3 - 30
낱말 쓰기 4 - 31
어구와 문장 쓰기 1 - 32
어구와 문장 쓰기 2 - 33
어구와 문장 쓰기 3 - 34
어구와 문장 쓰기 4 - 35

12단계 평가 - 36

13단계 받침의 표기와 소리가 다른 글자

낱말 쓰기 1 - 42
낱말 쓰기 2 - 43
낱말 쓰기 3 - 44
낱말 쓰기 4 - 45
낱말 쓰기 5 - 46
낱말 쓰기 6 - 47
어구와 문장 쓰기 1 - 48
어구와 문장 쓰기 2 - 49
어구와 문장 쓰기 3 - 50
어구와 문장 쓰기 4 - 51

13단계 평가 - 52

14단계 자음의 발음이 닮아가는 글자

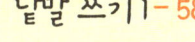

낱말 쓰기 1 - 58
낱말 쓰기 2 - 59
낱말 쓰기 3 - 60
낱말 쓰기 4 - 61
낱말 쓰기 5 - 62
낱말 쓰기 6 - 63
낱말 쓰기 7 - 64
낱말 쓰기 8 - 65
어구와 문장 쓰기 1 - 66
어구와 문장 쓰기 2 - 67
어구와 문장 쓰기 3 - 68
어구와 문장 쓰기 4 - 69
어구와 문장 쓰기 5 - 70
어구와 문장 쓰기 6 - 71

14단계 평가 - 72

국어 교과서 따라잡기 - 91
2학년 1학기 받아쓰기 문제 - 103
11~15단계 평가 정답 - 106

15단계 발음이 같아서 헷갈리는 글자

낱말 쓰기 1 - 78
낱말 쓰기 2 - 79
낱말 쓰기 3 - 80
낱말 쓰기 4 - 81
어구와 문장 쓰기 1 - 82
어구와 문장 쓰기 2 - 83
어구와 문장 쓰기 3 - 84
어구와 문장 쓰기 4 - 85

15단계 평가 - 86

 ## 소리의 변화 3 – 거센소리되기

앞 글자의 받침 'ㅎ' 뒤에 'ㄱ, ㄷ, ㅈ'이 오면 'ㅎ'의 성질이
뒷글자의 첫소리와 합쳐져 'ㅋ, ㅌ, ㅊ'으로 발음됩니다.
또한 앞 글자의 받침 'ㄱ, ㄷ, ㅂ, ㅅ, ㅈ' 뒤에 'ㅎ'이 오면
역시 거센소리인 'ㅋ, ㅌ, ㅍ, ㅊ'으로 소리납니다.
이러한 현상을 숨이 거세가 나온다고 해서 거센소리되기라고 합니다.

 **넣고 [너코]**

'ㅎ' 받침 때문에 뒷글자의 첫소리가 'ㅋ'으로 소리가 나요.

 **닿다 [다타]**

'ㅎ' 받침 때문에 뒷글자의 첫소리가 'ㅌ'으로 소리가 나요.

 **파랗지 [파라치]**

'ㅎ' 받침 때문에 뒷글자의 첫소리가 'ㅊ'으로 소리가 나요.

 **좋다 [조타]**

'ㅎ' 받침 때문에 뒷글자의 첫소리가 'ㅌ'으로 소리가 나요.

 식혜 [시케]

'ㄱ' 받침과 뒷글자의 첫소리 'ㅎ'이 만나서 'ㅋ'으로 소리가 나요.

 맏형 [마텽]

'ㄷ' 받침과 뒷글자의 첫소리 'ㅎ'이 만나서 'ㅌ'으로 소리가 나요.

 입학 [이팍]

'ㅂ' 받침과 뒷글자의 첫소리 'ㅎ'이 만나서 'ㅍ'으로 소리가 나요.

 못하다 [모타다]

'ㅅ' 받침과 뒷글자의 첫소리 'ㅎ'이 만나서 'ㅌ'으로 소리가 나요.

 젖히다 [저치다]

'ㅈ' 받침과 뒷글자의 첫소리 'ㅎ'이 만나서 'ㅊ'으로 소리가 나요.

 ## 소리의 변화 4 - 자음동화

자음동화는 자음의 발음이 서로 닮아가는 것을 말합니다.
어느 한쪽이 다른 쪽을 닮아서 그와 비슷하거나 같은 소리로
바뀌기도 하고, 양쪽이 서로 닮아서 두 소리가 다 바뀌기도 합니다.
어떨 때 이런 현상이 나타나는지 다음을 살펴보세요.

 막내 [망내]

'ㄱ' 받침과 뒷글자의 첫소리 'ㄴ'이 만나 서로 소리가 닮아가요

 석류 [성뉴]

'ㄱ' 받침과 뒷글자의 첫소리 'ㄹ'이 만나 서로 소리가 닮아가요.

 볶는다 [봉는다]

'ㄲ' 받침과 뒷글자의 첫소리 'ㄴ'이 만나 서로 소리가 닮아가요.

 빗물 [빈물]

'ㅅ' 받침과 뒷글자의 첫소리 'ㅁ'이 만나 서로 소리가 닮아가요.

 짖는 [진는]

'ㅈ' 받침과 뒷글자의 첫소리 'ㄴ'이 만나 서로 소리가 닮아가요.

 앞머리 [암머리]

'ㅍ' 받침과 뒷글자의 첫소리 'ㅁ'이 만나 서로 소리가 닮아가요.

 난로 [날로]

'ㄴ' 받침과 뒷글자의 첫소리 'ㄹ'이 만나 서로 소리가 닮아가요.

 줄넘기 [줄럼끼]

'ㄹ' 받침과 뒷글자의 첫소리 'ㄴ'이 만나 서로 소리가 닮아가요.

 대통령 [대통녕]

'ㅇ' 받침과 뒷글자의 첫소리 'ㄹ'이 만나 서로 소리가 닮아가요.

11단계 구개음으로 바뀌는 글자

앞 글자의 받침이 'ㄷ, ㅌ'이면 뒷글자의 첫소리가
'이, 야, 여, 요, 유'로 시작할 때 'ㄷ, ㅌ'은 'ㅈ, ㅊ',
구개음으로 소리나는 현상이 일어납니다.
그래서 '맏이'는 [마지] '같이'는 [가치]로 발음합니다.

낱말 쓰기 1

 다음 낱말을 소리 내어 읽고 빈칸에 써 보세요.

맏이
맏이

미닫이
미닫이

여닫이
여닫이

등받이
등받이

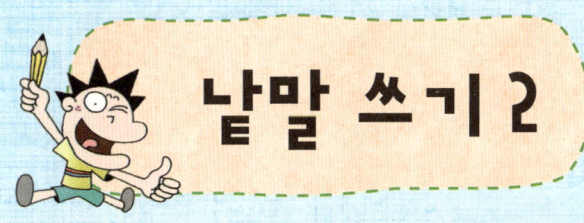

낱말 쓰기 2

 다음 낱말을 소리 내어 읽고 빈칸에 써 보세요.

 해돋이

 물받이

 가을걷이

 굳히다

낱말 쓰기 3

다음 낱말을 소리 내어 읽고 빈칸에 써 보세요.

 같이

 똑같이

 붙이다

 금붙이

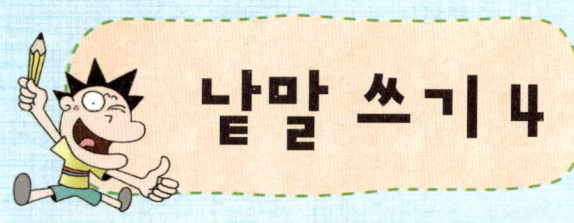

낱말 쓰기 4

 다음 낱말을 소리 내어 읽고 빈칸에 써 보세요.

샅샅이

피붙이

하나같이

접붙이다

어구와 문장 쓰기 1

 다음 글을 소리 내어 읽고 빈칸에 써 보세요.

맏	이	로		태	어	나	다	.
맏	이	로		태	어	나	다	.

미	닫	이		유	리	창
미	닫	이		유	리	창

해	돋	이		보	러		가	요	.
해	돋	이		보	러		가	요	.

어구와 문장 쓰기 2

 다음 글을 소리 내어 읽고 빈칸에 써 보세요.

의	자		등	받	이		
의	자		등	받	이		

가	을	걷	이	로		바	쁘	다	.
가	을	걷	이	로		바	쁘	다	.

빗	물	받	이	가		꽉		찼	다	.
빗	물	받	이	가		꽉		찼	다	.

어구와 문장 쓰기 3

 다음 글을 소리 내어 읽고 빈칸에 써 보세요.

둘	이		같	이		함	께
둘	이		같	이		함	께

똑	같	이		나	눠	요	.
똑	같	이		나	눠	요	.

하	나	같	이		예	쁘	네	요	.
하	나	같	이		예	쁘	네	요	.

어구와 문장 쓰기 4

다음 글을 소리 내어 읽고 빈칸에 써 보세요.

감	쪽	같	이		사	라	지	다	.
감	쪽	같	이		사	라	지	다	.

구	석	구	석		샅	샅	이
구	석	구	석		샅	샅	이

소	매	를		걷	어	붙	이	다	.
소	매	를		걷	어	붙	이	다	.

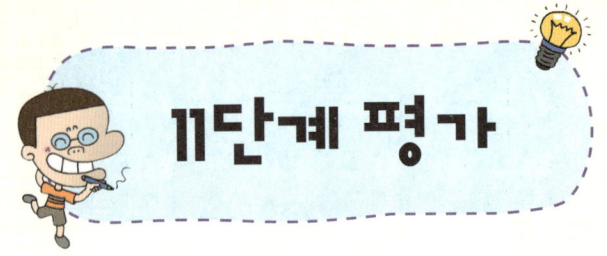

11단계 평가

1. 다음 그림에 알맞은 낱말을 선으로 이으세요.

①	②	③
•	•	•
•	•	•
㉠	㉡	㉢
피붙이	맏이	등받이

2. 다음 그림에 알맞은 낱말에 ○표를 하시오.

① 바다로 (해돋이 / 해도지) 보러 가요.

② 구석구석 (산산이 / 샅샅이) 청소해야 해.

③ 자두나무에 복숭아를 (접부치면 / 접붙이면) 자두복숭아가 된다

3. 보기에서 알맞은 낱말을 찾아 빈칸에 쓰세요.

[보기] 금붙이 맏이 등받이 가을걷이 샅샅이 피붙이 굳이 해돋이

❶ 형제자매 가운데 제일 손위 사람을 ☐☐ 라고 합니다.

❷ ☐☐☐ 는 금으로 만든 물건을 통틀어 이르는 말입니다.

❸ 먼지 한 톨 안 나오게 집안을 ☐☐☐ 청소해라.

❹ ☐☐☐ 는 의자에 앉을 때 등이 닿는 부분입니다.

❺ 가을에 익은 곡식을 거두어들이는 것을 ☐☐☐☐ 라고 합니다.

❻ ☐☐☐ 는 해가 막 솟아오르는 때입니다.

❼ 부모, 자식, 형제 등과 같은 관계를 ☐☐☐ 라고 합니다.

❽ 나도 너를 ☐☐ 붙잡을 생각은 없다.

4. 문제를 읽고 알맞은 낱말을 찾아 빈칸에 바르게 옮겨 쓰세요.

❶ 창이나 문을 옆으로 밀어서 여닫게 하는 방식은?
  ① 미닫이   ② 미다지

❷ 지붕에서 내려오는 빗물을 받아 흘러내리게 하는 것은?
  ① 물바지   ② 물받이

❸ 어떤 재료나 물체끼리 떨어지지 않게 하는 것은?
  ① 붙이다   ② 부치다

❹ 어떤 물건을 모양이 바뀌지 않을 만큼 단단하게 만드는 것은?
  ① 굳히다   ② 구치다

❺ '여럿이 서로 더불어'에 해당하는 말은?
  ① 가치   ② 같이

❻ "○○○ 따라해 보세요."에 알맞은 말은 무엇인가요?
  ① 똑가티   ② 똑가치   ③ 똑같이

❼ 쇠로 만든 철물에 속하는 것들을 통틀어 이르는 말은?
  ① 쇠붙이   ② 쇠부티   ③ 쇠부치

❽ '하나하나 빠짐없이'에 해당하는 말은?
  ① 난나치   ② 낱낱이   ③ 낱낱히

5. 왼쪽 □ 안의 틀린 글자를 찾아, 오른쪽 빈칸에 바르게 쓰세요.

틀린 글자 찾기 　　　　　　　바르게 고쳐 쓰기

❶ 마지 로 태어나다.　　　　　□□ 로 태어나다.

❷ 둘이 가치 함께　　　　　둘이 □□ 함께

❸ 동해로 해도지 보러　　　동해로 □□□ 보러

❹ 감쪽가치 사라지다.　　　□□□□ 사라지다.

❺ 소매를 걷어 부치다.　　　소매를 걷어 □□□.

❻ 가을거지 로 바쁘다.　　　□□□□ 로 바쁘다.

❼ 미다지 유리창　　　　　□□□ 유리창

❽ 구석구석 사사치　　　　구석구석 □□□

12단계 거센소리가 나는 글자

'좋다'와 '입학'의 공통점은 무엇일까요?
'ㅎ' 받침 뒤에 'ㄱ, ㄷ, ㅈ'이 오면 'ㅋ, ㅌ, ㅊ'으로
'ㄱ, ㄷ, ㅂ, ㅅ, ㅈ' 뒤에 'ㅎ'이 오면 'ㅋ, ㅌ, ㅍ, ㅊ'으로
소리납니다. 'ㅋ, ㅌ, ㅍ, ㅊ'을 거센소리라고 합니다.

낱말 쓰기 1

 다음 낱말을 소리 내어 읽고 빈칸에 써 보세요.

넣	고
넣	고

닿	다
닿	다

파	랗	지
파	랗	지

어	떻	게
어	떻	게

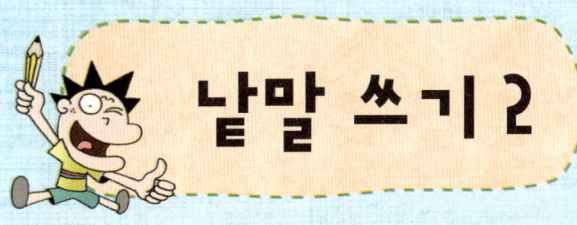

낱말 쓰기 2

 다음 낱말을 소리 내어 읽고 빈칸에 써 보세요.

 좋다

 벌겋다

 놓지

 사이좋게

다음 낱말을 소리 내어 읽고 빈칸에 써 보세요.

국	화
국	화

입	학
입	학

식	혜
식	혜

맏	형
맏	형

낱말 쓰기 4

 다음 낱말을 소리 내어 읽고 빈칸에 써 보세요.

급	하	다
급	하	다

시	작	하	다
시	작	하	다

못	하	다
못	하	다

젖	히	다
젖	히	다

어구와 문장 쓰기 1

 다음 글을 소리 내어 읽고 빈칸에 써 보세요.

연	필	을		넣	고
연	필	을		넣	고

발	이		닿	지		않	아	서
발	이		닿	지		않	아	서

이	렇	게		할	까	요	?
이	렇	게		할	까	요	?

어구와 문장 쓰기 2

 다음 글을 소리 내어 읽고 빈칸에 써 보세요.

경	치	가		좋	다	.
경	치	가		좋	다	.

얼	굴	이		빨	갛	게		변	하	여
얼	굴	이		빨	갛	게		변	하	여

정	신	을		놓	지		마	라	.
정	신	을		놓	지		마	라	.

어구와 문장 쓰기 3

 다음 글을 소리 내어 읽고 빈칸에 써 보세요.

마	당	에		국	화	가
마	당	에		국	화	가

학	교	에		입	학	하	다	.
학	교	에		입	학	하	다	.

생	일		축	하	해	.
생	일		축	하	해	.

# 어구와 문장 쓰기 4

 다음 글을 소리 내어 읽고 빈칸에 써 보세요.

뿌	리	째		뽑	혀
뿌	리	째		뽑	혀

깨	끗	이		목	욕	하	다	.
깨	끗	이		목	욕	하	다	.

문	이		닫	힌		뒤	에
문	이		닫	힌		뒤	에

12단계 평가

1. 다음 그림에 알맞은 낱말을 선으로 이으세요.

　　　ㄱ　　　　　　　ㄴ　　　　　　　ㄷ
　　　맏형　　　　　사이좋게　　　　　국화

2. 다음 그림에 알맞은 낱말에 ○표를 하시오.

① 이 문제는 (어떡해 / 어떻게) 풀어야 하나요?

② 아빠가 술에 취해 얼굴이 (벌겋다. / 벌거다.)

③ 고개를 뒤로 (젓히다. / 젖히다.)

3. 보기에서 알맞은 낱말을 찾아 빈칸에 쓰세요.

[보기] 입학 축하 국화 식혜 맏형 젖히다 벌겋다 사이좋게

❶ ☐☐☐ 는 가을에 피는 꽃으로 대국, 중국, 소국으로 나뉩니다.

❷ 공부하기 위해 학교에 들어가는 것을 ☐☐ 이라고 합니다.

❸ ☐☐ 은 형이 둘 이상일 때 맏이인 형을 이르는 말입니다.

❹ 남의 좋은 일을 기뻐하고 즐거워할 때 ☐☐ 한다고 합니다.

❺ ☐☐ 는 전통 음료로 엿기름, 쌀밥, 설탕 등으로 만듭니다.

❻ 사물이나 빛이 어둡고 연하게 붉은 것을 ☐☐☐ 고 합니다.

❼ ☐☐☐☐ 는 서로 정답고 친밀한 것을 이르는 말입니다.

❽ 고개를 뒤쪽으로 기울게 하는 것을 ☐☐☐ 라고 합니다.

4. 문제를 읽고 알맞은 낱말을 찾아 빈칸에 바르게 옮겨 쓰세요.

❶ 보통 열차보다 속도가 빠른 열차는 무엇인가요?
　① 그팽　　　② 급행

❷ "○○ 먹는 밥이 목이 멘다."에 알맞은 말은 무엇인가요?
　① 급히　　　② 그피

❸ 역할을 담당하여 연기하는 극은 무엇인가요?
　① 역칼극　　② 여칼극　　③ 역할극

❹ 물건과 물건이 맞붙어 빈틈이 없게 된다는 것은?
　① 닿다　　　② 다타

❺ "정신을 ○○ 마라."에 알맞은 말은 무엇인가요?
　① 놓치　　　② 놓지

❻ 어떤 일을 할 능력이 없는 것은 무엇인가요?
　① 모타다　　② 몬하다　　③ 못하다

❼ "엄마가 아이에게 옷을 ○○○."에 알맞은 말은 무엇인가요?
　① 잎히다　　② 입히다　　③ 이피다

❽ 어떤 일을 해 달라고 청하거나 맡기는 것은?
　① 부탁하다　② 부타카다　③ 부탁카다

5. 왼쪽 ☐ 안의 틀린 글자를 찾아, 오른쪽 빈칸에 바르게 쓰세요.

틀린 글자 찾기 | **바르게 고쳐 쓰기**

❶ 발이 다치 않아서   발이 ☐☐ 않아서

❷ 연필을 서랍에 너코   연필을 서랍에 ☐☐

❸ 얼굴이 빨가케 변하여   얼굴이 ☐☐☐ 변하여

❹ 초등학교에 이 팍 하다.   초등학교에 ☐☐ 하다.

❺ 나무가 뿌리채 뽀펴   나무가 뿌리채 ☐☐

❻ 새싹이 파라케 돋아났다.   새싹이 ☐☐☐ 돋아났다.

❼ 사이조케 지내렴.   ☐☐☐☐ 지내렴.

❽ 문이 다친 뒤에   문이 ☐☐ 뒤에

13단계 받침의 표기와 소리가 다른 글자

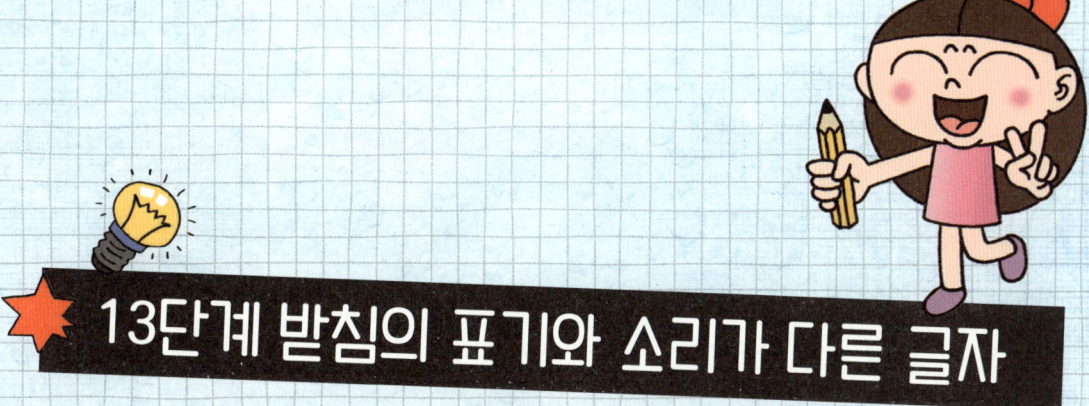

'부엌'에서 받침 'ㅋ'은 [ㄱ]으로 소리가 나고,
'다섯'에서 받침 'ㅅ'은 [ㄷ]으로 소리가 난답니다.
왜 쓰는 대로 소리가 나지 않는 걸까요?

낱말 쓰기 1

 다음 낱말을 소리 내어 읽고 빈칸에 써 보세요.

잎
잎

무	릎
무	릎

옆	선
옆	선

키	읔
키	읔

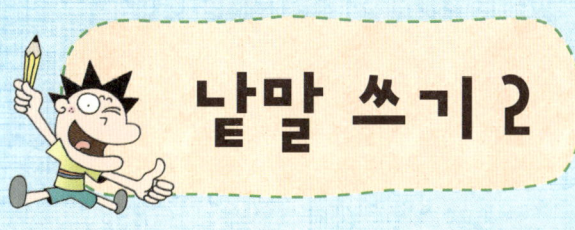

낱말 쓰기 2

 다음 낱말을 소리 내어 읽고 빈칸에 써 보세요.

부	억
부	억

헝	겊
헝	겊

남	녘
남	녘

단	풍	잎
단	풍	잎

낱말 쓰기 3

 다음 낱말을 소리 내어 읽고 빈칸에 써 보세요.

깊	다
깊	다

묶	다
묶	다

닦	다
닦	다

깎	다
깎	다

낱말 쓰기 4

 다음 낱말을 소리 내어 읽고 빈칸에 써 보세요.

 옷 / 옷

 여섯 / 여섯

 젓가락 / 젓가락

 빚다 / 빚다

낱말 쓰기 5

 다음 낱말을 소리 내어 읽고 빈칸에 써 보세요.

대	낮
대	낮

닻
닻

돛	단	배
돛	단	배

꽃	밭
꽃	밭

낱말 쓰기 6

 다음 낱말을 소리 내어 읽고 빈칸에 써 보세요.

배	추	밭
배	추	밭

가	마	솥
가	마	솥

팥
팥

햇	볕
햇	볕

어구와 문장 쓰기 1

 다음 글을 소리 내어 읽고 빈칸에 써 보세요.

숲		속		오	두	막
숲		속		오	두	막

학	교		앞		문	방	구
학	교		앞		문	방	구

무	릎	까	지		내	려	온	다	.
무	릎	까	지		내	려	온	다	.

어구와 문장 쓰기 2

다음 글을 소리 내어 읽고 빈칸에 써 보세요.

헝	겊	으	로		만	든
헝	겊	으	로		만	든

끈	을		묶	었	어	요	.
끈	을		묶	었	어	요	.

과	일	을		깎	다	.
과	일	을		깎	다	.

어구와 문장 쓰기 3

 다음 글을 소리 내어 읽고 빈칸에 써 보세요.

젓	가	락	을		들	고
젓	가	락	을		들	고

세		살		버	릇		여	든	까	지
세		살		버	릇		여	든	까	지

야	채	를		볶	다	가
야	채	를		볶	다	가

어구와 문장 쓰기 4

 다음 글을 소리 내어 읽고 빈칸에 써 보세요.

낮	선		동	네	에		가	면
낮	선		동	네	에		가	면

운	동	장	에	서		찾	았	다	.
운	동	장	에	서		찾	았	다	.

햇	볕	이		따	뜻	하	다	.
햇	볕	이		따	뜻	하	다	.

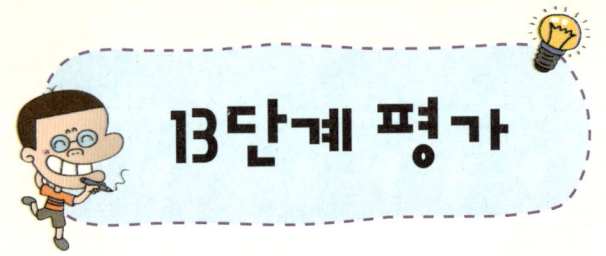

13단계 평가

1. 다음 그림에 알맞은 낱말을 선으로 이으세요.

㉠ 헝겊　　㉡ 부엌　　㉢ 꽃밭

2. 다음 그림에 알맞은 낱말에 ○표를 하시오.

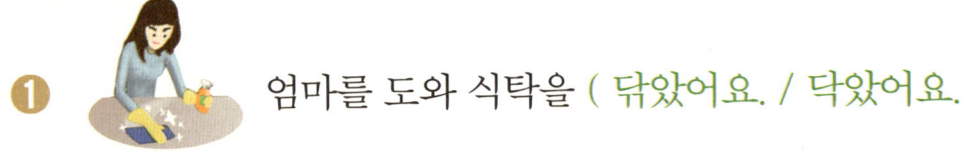

❶ 엄마를 도와 식탁을 (닦았어요. / 닥았어요.)

❷ (단풍닢 / 단풍잎)이 빨갛게 물들었다.

❸ 저녁에 만두를 (빗어 / 빚어) 먹었어요.

3. 보기에서 알맞은 낱말을 찾아 빈칸에 쓰세요.

[보기] 부엌 옆선 젓가락 깎다 헝겊 팥 여섯 대낮

❶ 음식을 집어 먹을 때 숟가락과 [젓가락]을 이용합니다.

❷ [부엌]은 음식을 만들고 설거지를 하는 공간입니다.

❸ 바지나 치마에 옆으로 난 줄은 [옆선]이라고 한다.

❹ [헝겊]은 베나 비단 따위의 조각입니다.

❺ 과일의 껍질을 잘라 내는 것을 [깎다]라고 합니다.

❻ 콩 심은 데 콩 나고 [팥] 심은 데 팥 난다.

❼ [대낮]은 환히 밝은 낮을 이르는 말입니다.

❽ 다섯에 하나를 더하면 [여섯]입니다.

4. 문제를 읽고 알맞은 낱말을 찾아 빈칸에 바르게 옮겨 쓰세요.

❶ 풀과 나무의 가지나 줄기의 끝에 붙은 녹색 기관은?
① 잎   ② 입

❷ 꽃을 심어 가꾼 밭은 무엇인가요?
① 꼳빹   ② 꽃밭

❸ '풀다'의 반대말은 무엇인가요?
① 묶다   ② 묵다

❹ 송편이나 만두를 만드는 것은 무엇일까요?
① 빚다   ② 빗다

❺ 더러운 것을 없애거나 윤기를 내려고 문지르는 것은?
① 닥다   ② 닦다

❻ 해가 내리쬐는 뜨거운 기운은 무엇인가요?
① 햇볕   ② 해뻗

❼ 돛을 단 배는 무엇인가요?
① 돋딴배   ② 돛단배   ③ 돛딴배

❽ 늦가을에 붉거나 누렇게 변한 나뭇잎은?
① 단푼잎   ② 단풍닢   ③ 단풍잎

5. 왼쪽 ☐ 안의 틀린 글자를 찾아, 오른쪽 빈칸에 바르게 쓰세요.

| 틀린 글자 찾기 | 바르게 고쳐 쓰기 |

❶ 숩 속 오두막   ☐ 속 오두막

❷ 무릅 까지 내려온다.   ☐☐ 까지 내려온다.

❸ 끈으로 머리를 묶 다.   끈으로 머리를 ☐☐.

❹ 낫 선 동네에 가면   ☐☐ 동네에 가면

❺ 세 살 버 릇 여든까지   세 살 ☐☐ 여든까지

❻ 젓 가 락 으로 야채를 복 다.   ☐☐☐ 으로 야채를 ☐☐.

❼ 마당에 가 마 솥 을 내걸고   마당에 ☐☐☐ 을 내걸고

❽ 핸 볕 이 내리쬐는 꼳 밭   ☐☐ 이 내리쬐는 ☐☐

★ 14단계 자음의 발음이 닮아가는 글자

'학년'은 [항년], '입맛'은 [임맏], '난로'는 [날로]로 읽어요.
'ㄱ' 받침 뒤에 첫소리로 'ㄴ'이 오면 'ㅇ'으로 발음하고
'ㅅ' 받침 뒤에 첫소리로 'ㅁ'이 오면 'ㅁ'으로 발음하고
'ㄴ' 받침 뒤에 첫소리로 'ㄹ'이 오면 'ㄹ'로 발음하네요.
조금 어렵지만 베껴 쓰다 보면 알게 될 거예요.

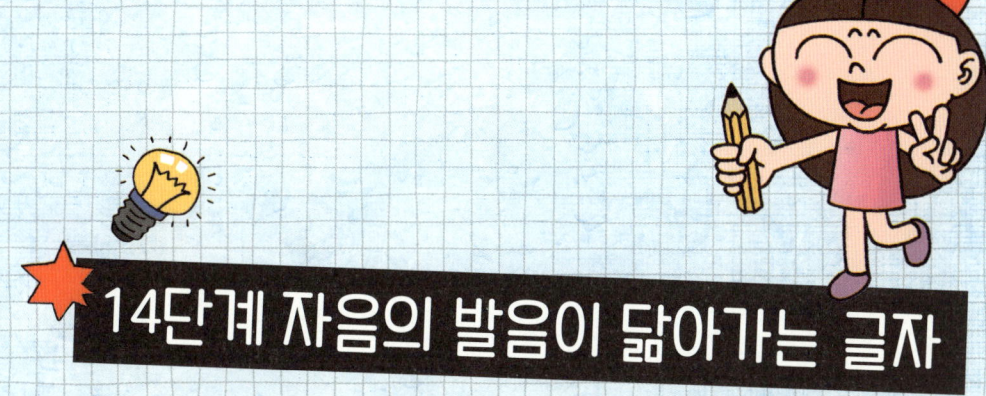

낱말 쓰기 1

 다음 낱말을 소리 내어 읽고 빈칸에 써 보세요.

학	년
학	년

국	물
국	물

막	내
막	내

속	눈	썹
속	눈	썹

낱말 쓰기 2

 다음 낱말을 소리 내어 읽고 빈칸에 써 보세요.

부	엌	문
부	엌	문

먹	는	다
먹	는	다

볶	는	다
볶	는	다

닦	는	다
닦	는	다

낱말 쓰기 3

 다음 낱말을 소리 내어 읽고 빈칸에 써 보세요.

 석류

 속력

 첫눈

 빗물

낱말 쓰기 4

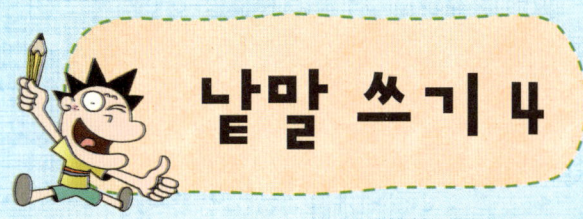

다음 낱말을 소리 내어 읽고 빈칸에 써 보세요.

믿	는	다
믿	는	다

낱	말
낱	말

꽃	무	늬
꽃	무	늬

불	꽃	놀	이
불	꽃	놀	이

낱말 쓰기 5

 다음 낱말을 소리 내어 읽고 빈칸에 써 보세요.

짖	는
짖	는

입	맛
입	맛

법	률
법	률

앞	머	리
앞	머	리

낱말 쓰기 6

 다음 낱말을 소리 내어 읽고 빈칸에 써 보세요.

 난로

 인력거

 설날

 훈련

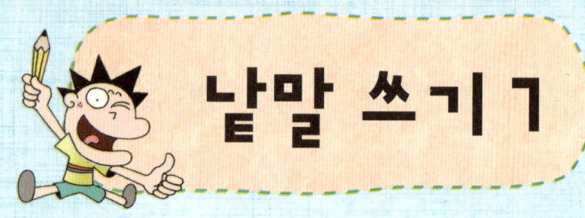

낱말 쓰기

다음 낱말을 소리 내어 읽고 빈칸에 써 보세요.

달님

줄넘기

침략

음료수

낱말 쓰기 8

다음 낱말을 소리 내어 읽고 빈칸에 써 보세요.

정	류	장
정	류	장

공	룡
공	룡

왕	릉
왕	릉

대	통	령
대	통	령

어구와 문장 쓰기 1

 다음 글을 소리 내어 읽고 빈칸에 써 보세요.

식	목	일	에		나	무	를
식	목	일	에		나	무	를

부	엌	문	을		열	어	요	.
부	엌	문	을		열	어	요	.

긴		머	리	를		묶	는	다	.
긴		머	리	를		묶	는	다	.

어구와 문장 쓰기 2

 다음 글을 소리 내어 읽고 빈칸에 써 보세요.

목	마	와		숙	녀
목	마	와		숙	녀

첫		눈	이		내	려	요	.
첫		눈	이		내	려	요	.

속	력	이		너	무		빨	라	.
속	력	이		너	무		빨	라	.

어구와 문장 쓰기 3

 다음 글을 소리 내어 읽고 빈칸에 써 보세요.

낱	말		쓰	기
낱	말		쓰	기

아	장	아	장		걷	는		아	기
아	장	아	장		걷	는		아	기

불	꽃	놀	이		구	경	하	러
불	꽃	놀	이		구	경	하	러

어구와 문장 쓰기 4

 다음 글을 소리 내어 읽고 빈칸에 써 보세요.

앞	머	리	를		내	렸	다	.
앞	머	리	를		내	렸	다	.

설	날	에	는		떡	국	을
설	날	에	는		떡	국	을

여	름	에		물	놀	이	를		가	면
여	름	에		물	놀	이	를		가	면

어구와 문장 쓰기 5

 다음 글을 소리 내어 읽고 빈칸에 써 보세요.

편	리	한		물	건
편	리	한		물	건

달	님	과		별	님
달	님	과		별	님

경	기	에	서		승	리	한
경	기	에	서		승	리	한

어구와 문장 쓰기 6

 다음 글을 소리 내어 읽고 빈칸에 써 보세요.

공	룡	이		살	던		시	대
공	룡	이		살	던		시	대

우	리	나	라	를		침	략	한
우	리	나	라	를		침	략	한

정	류	장	에	서		기	다	려	.
정	류	장	에	서		기	다	려	.

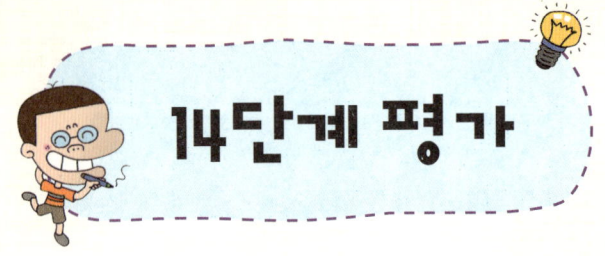

14단계 평가

1. 다음 그림에 알맞은 낱말을 선으로 이으세요.

① ② ③

㉠ 꽃무늬   ㉡ 정류장   ㉢ 국물

2. 다음 그림에 알맞은 낱말에 ○표를 하시오.

① 식용유를 두르고 재빨리 (볶는다. / 복는다.)

② 개 (짓는 / 짖는) 소리가 들려요.

③ 미장원에서 (압머리 / 앞머리)를 잘랐어요.

3. 보기에서 알맞은 낱말을 찾아 빈칸에 쓰세요.

[보기] 낱말 설날 첫눈 막내 난로 불꽃놀이 음료수 빗물

❶ ☐☐ 는 여러 형제자매 중 맨 마지막으로 태어난 사람입니다.

❷ 그해 겨울 처음으로 내리는 눈을 ☐☐ 이라고 합니다.

❸ ☐☐ 은 단어와 같은 말로 분리하여 자립적으로 쓸 수 있습니다.

❹ 명절의 하나로 정월 초하룻날을 ☐☐ 이라고 합니다.

❺ ☐☐ 는 열을 내어 방 안의 온도를 올리는 기구이다.

❻ 비가 내려 괸 물을 ☐☐ 이라고 합니다.

❼ 주스나 탄산수 따위의 마실 것을 ☐☐☐ 라고 합니다.

❽ ☐☐☐☐ 는 기념 행사 때 공중으로 화포를 쏘아 불꽃이 일어나게 하는 놀이입니다.

4. 문제를 읽고 알맞은 낱말을 찾아 빈칸에 바르게 옮겨 쓰세요.

❶ '달'을 사람에 비유하여 높여 이르는 말은?
  ① 달님   ② 달림

❷ "3월에 새 ○○이 시작된다."에 알맞은 말은 무엇인가?
  ① 학년   ② 항년

❸ 음식을 먹을 때 입으로 느끼는 맛은?
  ① 임맛   ② 입맛

❹ 재주를 배우거나 익히기 위해 되풀이해서 연습하는 것은?
  ① 훈련   ② 훌련

❺ 사람이 끄는 바퀴가 두 개 달린 수레는?
  ① 일력꺼   ② 인력꺼   ③ 인력거

❻ 버스가 사람을 태우고 내리게 하기 위해 멈추는 일정한 장소는?
  ① 정류장   ② 정뉴장   ③ 전류장

❼ 부엌으로 드나드는 문은 무엇인가요?
  ① 부억문   ② 부엌문   ③ 부엉문

❽ 꽃모양을 띈 무늬는 무엇인가요?
  ① 꽃무니   ② 꼰무니   ③ 꽃무늬

5. 왼쪽 ☐ 안의 틀린 글자를 찾아, 오른쪽 빈칸에 바르게 쓰세요.

틀린 글자 찾기	바르게 고쳐 쓰기
❶ 매일 줄럼끼를 한다.	매일 ☐☐☐를 한다.
❷ 송눈썹의 길이가 길어서	☐☐☐의 길이가 길어서
❸ 가장 빠른 송녁	가장 빠른 ☐☐
❹ 어려운 난말을 찾아보다.	어려운 ☐☐을 찾아보다.
❺ 암머리를 자르고	☐☐☐를 자르고
❻ 설랄 아침 천눈이 내렸다.	☐☐ 아침 ☐☐이 내렸다.
❼ 공뇽이 살던 시대	☐☐이 살던 시대
❽ 음뇨수를 멍는다.	☐☐☐를 ☐☐☐.

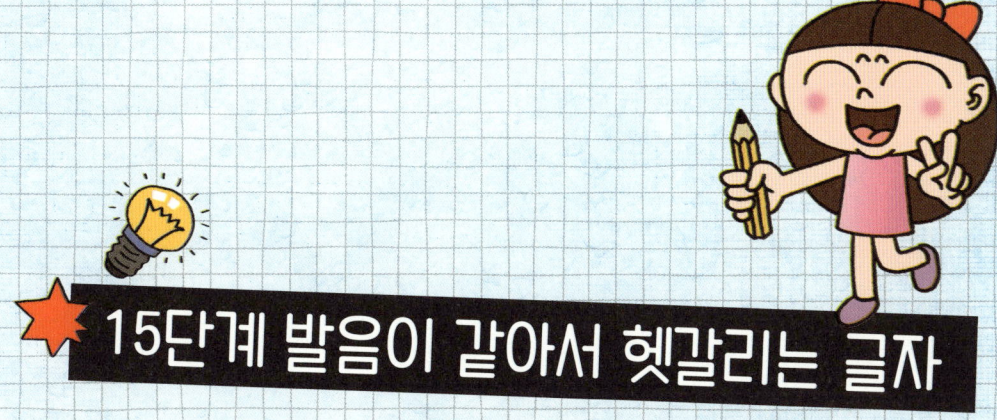

★ 15단계 발음이 같아서 헷갈리는 글자

'편지를 부치다'와 '우표를 붙이다'에서
'부치다'와 '붙이다'는 모두 [부치다]로 발음해요.
이렇게 발음이 같을 때는 앞뒤 상황을 보고
어떤 단어를 쓰는 게 좋은지 생각해봐야 해요.
15단계에서는 발음이 같아서 헷갈리는 글자를 배워봅시다.

낱말 쓰기 1

 다음 낱말을 소리 내어 읽고 빈칸에 써 보세요.

거	름
거	름

걸	음
걸	음

다	리	다
다	리	다

달	이	다
달	이	다

낱말 쓰기 2

 다음 낱말을 소리 내어 읽고 빈칸에 써 보세요.

느	리	다
느	리	다

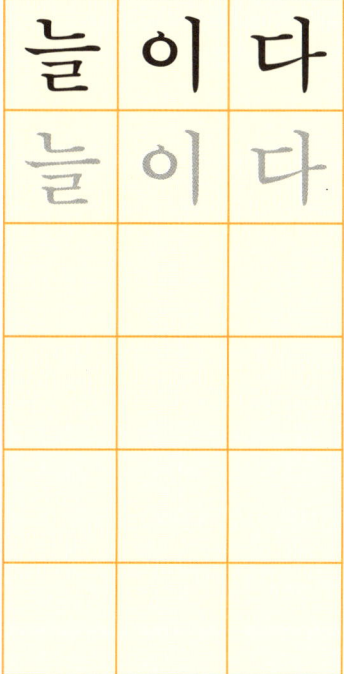

늘	이	다
늘	이	다

다	치	다
다	치	다

닫	히	다
닫	히	다

낱말 쓰기 3

 다음 낱말을 소리 내어 읽고 빈칸에 써 보세요.

반	드	시
반	드	시

반	듯	이
반	듯	이

부	치	다
부	치	다

붙	이	다
붙	이	다

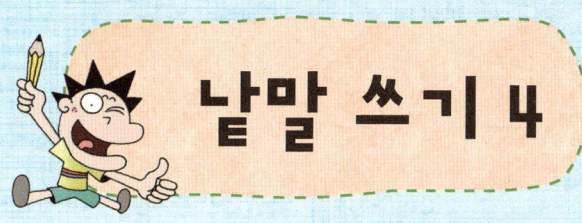

낱말 쓰기 4

 다음 낱말을 소리 내어 읽고 빈칸에 써 보세요.

 마치다

 맞히다

 저리다

 절이다

어구와 문장 쓰기 1

 다음 글을 소리 내어 읽고 빈칸에 써 보세요.

밭	에		거	름	을		주	다	.
밭	에		거	름	을		주	다	.

엄	마	는		걸	음	이		느	리	다	.
엄	마	는		걸	음	이		느	리	다	.

고	무	줄	을		늘	이	다	.
고	무	줄	을		늘	이	다	.

어구와 문장 쓰기 2

 다음 글을 소리 내어 읽고 빈칸에 써 보세요.

한	약	을		달	인	다	.
한	약	을		달	인	다	.

동	생	이		다	쳤	다	.
동	생	이		다	쳤	다	.

학	교		문	이		닫	혔	다	.
학	교		문	이		닫	혔	다	.

어구와 문장 쓰기 3

 다음 글을 소리 내어 읽고 빈칸에 써 보세요.

몸	을		반	듯	이		하	고
몸	을		반	듯	이		하	고

편	지	를		부	치	다	.
편	지	를		부	치	다	.

풀	로		우	표	를		붙	이	다	.
풀	로		우	표	를		붙	이	다	.

어구와 문장 쓰기 4

 다음 글을 소리 내어 읽고 빈칸에 써 보세요.

공	부	를		마	치	고
공	부	를		마	치	고

과	녁	을		맞	히	고
과	녁	을		맞	히	고

다	리	가		저	리	다	.
다	리	가		저	리	다	.

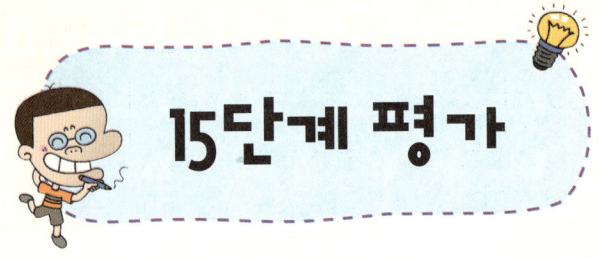

15단계 평가

1. 다음 그림에 알맞은 낱말을 선으로 이으세요.

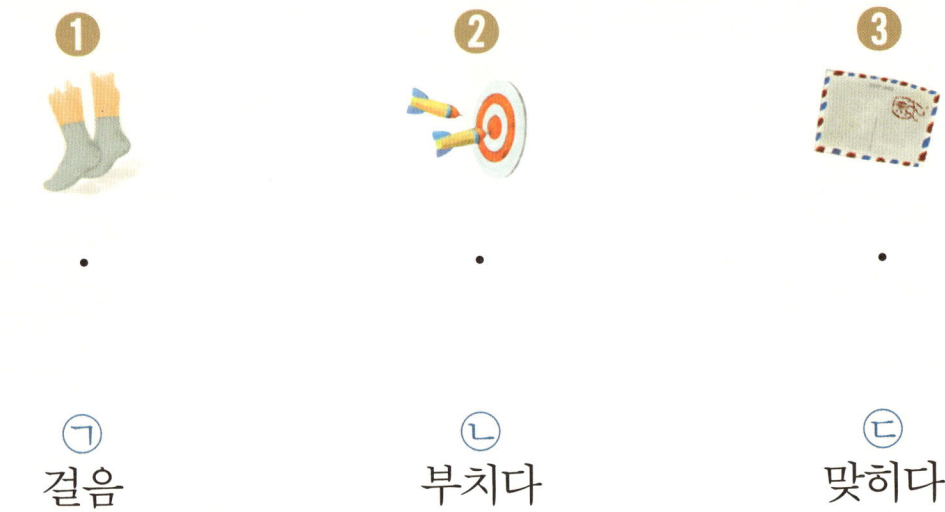

ㄱ 걸음   ㄴ 부치다   ㄷ 맞히다

2. 다음 그림에 알맞은 낱말에 ○표를 하시오.

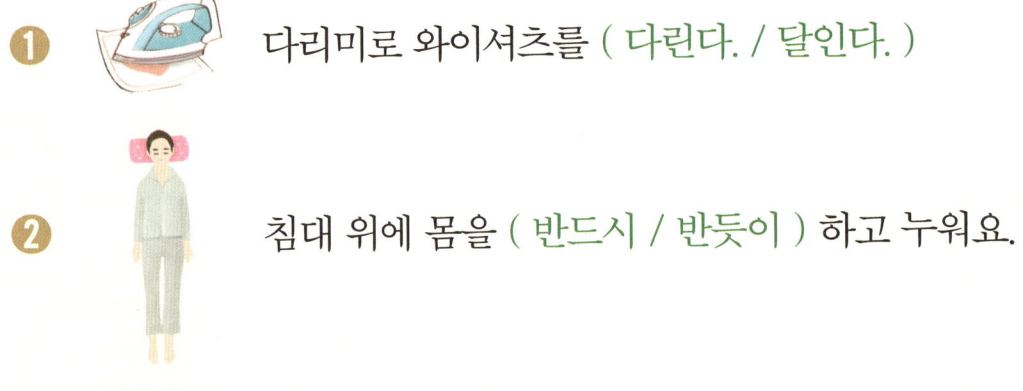

① 다리미로 와이셔츠를 (다린다. / 달인다.)

② 침대 위에 몸을 (반드시 / 반듯이) 하고 누워요.

③ 소금으로 배추를 (저린다. / 절인다.)

3. 보기에서 알맞은 낱말을 찾아 빈칸에 쓰세요.

[보기] 다리미 거름 늘이다 맞히다 마치다 걸음 절이다 반듯이

❶ 농작물이 잘 자라도록 흙에 주는 영양 물질을 ☐☐ 이라고 합니다.

❷ ☐☐☐ 는 구겨진 옷을 다릴 때 사용하는 도구입니다.

❸ 물건을 당겨서 원래보다 길게 하는 것은 ☐☐☐ 입니다.

❹ ☐☐ 은 두 발을 번갈아 옮겨 놓는 동작입니다.

❺ 화살을 쏘아 과녁의 한복판에 들어맞는 것은 ☐☐☐ 입니다.

❻ ☐☐☐ 는 하던 일을 다 하여 끝을 내는 것입니다.

❼ ☐☐☐ 는 모양이 비뚤어지거나 기울지 않은 것을 말합니다.

❽ 배추에 소금가 배어들게 하는 것은 ☐☐☐ 입니다.

4. 문제를 읽고 알맞은 낱말을 찾아 빈칸에 바르게 옮겨 쓰세요.

❶ "밭에 ○○을 주다."에 알맞은 말은 무엇인가요?
① 거름　　　② 걸음

❷ "빠른 ○○으로 걷다."에 알맞은 말은 무엇인가요?
① 걸음　　　② 거름

❸ '열리다'의 반대말은 무엇인가요?
① 다치다　　　② 닫히다

❹ 액체 따위를 끓여서 진하게 만드는 것은?
① 다리다　　　② 달리다　　　③ 달이다

❺ '틀림없이 꼭'에 해당하는 말은?
① 반드시　　　② 반듯이

❻ '빠르다'의 반대말은 무엇인가요?
① 느리다　　　② 늘이다

❼ "쭈그리고 앉아 있었더니 발이 ○○○."에 알맞은 말은 무엇인가요?
① 절이다　　　② 저리다

❽ "생선을 소금에 ○○○."에 알맞은 말은 무엇인가요?
① 절이다　　　② 저리다

5. 왼쪽 ☐ 안의 틀린 글자를 찾아, 오른쪽 빈칸에 바르게 쓰세요.

| 틀린 글자 찾기 | 바르게 고쳐 쓰기 |

① 엄마는 거름이 느리다.　　　엄마는 ☐☐이 느리다.

② 보약을 다리는 냄새　　　보약을 ☐☐☐ 냄새

③ 몸을 반드시 하고　　　몸을 ☐☐☐ 하고

④ 동생을 팔을 닫혔다.　　　동생을 팔을 ☐☐.

⑤ 편지를 붙이고 오는 길에　　　편지를 ☐☐☐ 오는 길에

⑥ 이번 학기를 맞히고　　　이번 학기를 ☐☐☐

⑦ 봉투에 우표를 부치다.　　　봉투에 우표를 ☐☐.

⑧ 수수께끼를 알아 마치다.　　　수수께끼를 알아 ☐☐.

국어 교과서 따라잡기

2학년 1학기 국어 교과서에서 각 단원별로 중요한 어구와 문장을
10개씩 골라 받아쓰기 문제지를 만들었습니다.
103~105쪽에 수록된 받아쓰기 문제를 아이가 잘 받아쓸 수 있도록
한 번은 천천히, 그 다음은 정상 속도로 불러주세요.

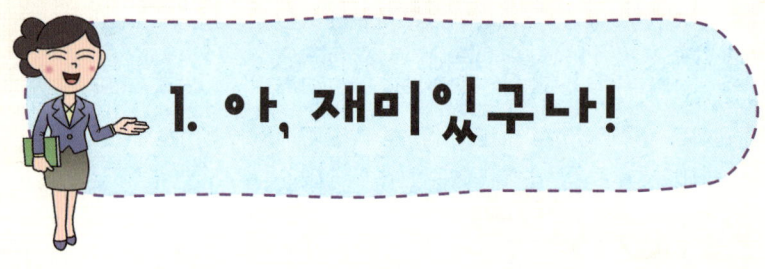

1. 아, 재미있구나!

점수   점/100점

불러주는 말을 잘 듣고, 띄어쓰기에 유의하여 받아쓰세요.

❶
❷
❸
❹
❺
❻
❼
❽
❾
❿

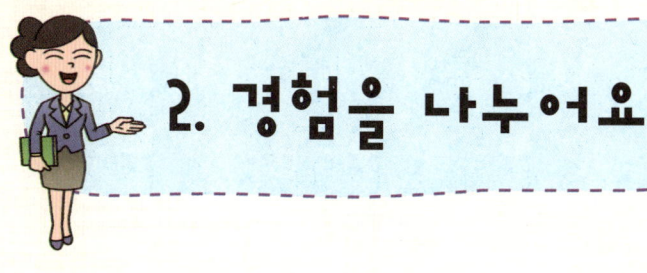

2. 경험을 나누어요

점수   점/100점

불러주는 말을 잘 듣고, 띄어쓰기에 유의하여 받아쓰세요.

❶
❷
❸
❹
❺
❻
❼
❽
❾
❿

3. 이렇게 해 보아요

점수   점/100점

불러주는 말을 잘 듣고, 띄어쓰기에 유의하여 받아쓰세요.

❶
❷
❸
❹
❺
❻
❼
❽
❾
❿

4. 생각을 전해요

점수   점/100점

불러주는 말을 잘 듣고, 띄어쓰기에 유의하여 받아쓰세요.

❶
❷
❸
❹
❺
❻
❼
❽
❾
❿

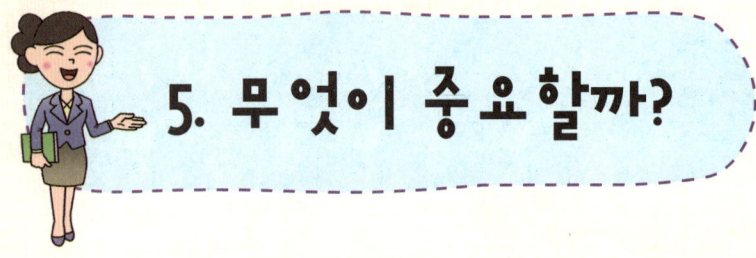

5. 무엇이 중요할까?

점수   점/100점

<u>불러주는 말을 잘 듣고, 띄어쓰기에 유의하여 받아쓰세요.</u>

❶
❷
❸
❹
❺
❻
❼
❽
❾
❿

6. 알기 쉽게 차례대로

점수   점/100점

불러주는 말을 잘 듣고, 띄어쓰기에 유의하여 받아쓰세요.

❶
❷
❸
❹
❺
❻
❼
❽
❾
❿

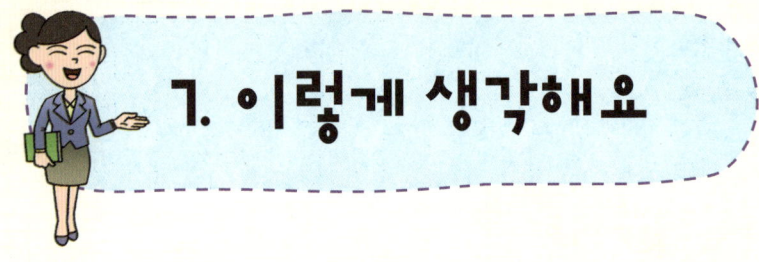

7. 이렇게 생각해요

점수   점/100점

불러주는 말을 잘 듣고, 띄어쓰기에 유의하여 받아쓰세요.

❶
❷
❸
❹
❺
❻
❼
❽
❾
❿

8. 보고 또 보고

점수   점/100점

<u>불러주는 말을 잘 듣고, 띄어쓰기에 유의하여 받아쓰세요.</u>

❶
❷
❸
❹
❺
❻
❼
❽
❾
❿

9. 느낌을 나타내어요

점수   점/100점

불러주는 말을 잘 듣고, 띄어쓰기에 유의하여 받아쓰세요.

❶
❷
❸
❹
❺
❻
❼
❽
❾
❿

10. 이야기 세상 속으로

점수   점/100점

불러주는 말을 잘 듣고, 띄어쓰기에 유의하여 받아쓰세요.

❶
❷
❸
❹
❺
❻
❼
❽
❾
❿

11. 재미가 새록새록

점수   점/100점

불러주는 말을 잘 듣고, 띄어쓰기에 유의하여 받아쓰세요.

❶
❷
❸
❹
❺
❻
❼
❽
❾
❿

2학년 1학기 받아쓰기 문제

아이가 잘 받아쓸 수 있도록 한 번은 천천히, 그 다음은 정상 속도로 문제를 불러주세요.
채점을 할 때는 띄어쓰기와 마침표 위치도 꼭 확인하세요.
점선을 따라 잘라두면 문제를 불러줄 때, 채점할 때 편리하게 이용할 수 있습니다.

92쪽
1. 꼬부랑 고갯길을
2. 엿가락을 살며시 꺼냈네.
3. 흙덩이를 떠밀고 나오면서
4. 돌팍 밑에 예쁜 새싹들이
5. 은방울에 맺힌 빗방울도
6. 늦잠을 자는 모습을 본 수탉
7. 일을 하는 것이 싫어서
8. 뻐드렁니가 눈을 흘기면서
9. 날이 밝는 줄도 몰랐어요.
10. 감쪽같이 사라져 버렸어!

93쪽
1. 차례를 기다리면서
2. 민서의 얼굴이 빨갛게 변하여
3. 연필을 넣지 않았나 봅니다.
4. 딱 한 자루뿐이야.
5. 몹시 부끄러웠습니다.
6. 머리를 쿡쿡 쥐어박았습니다.
7. 모두 둘러앉아
8. 휠체어가 너무 낡았기에
9. 눈물이 그렁거렸습니다.
10. 고맙게도 터지지 않았습니다.

94쪽
1. 닦을수록 더러워지는 것은?
2. 추울 때는 옷을 벗는 것은?
3. 독특한 냄새를 남깁니다.
4. 개미가 길을 잃지 않도록
5. 냄새를 묻히며 기어갑니다.
6. 개미들은 협동을 잘합니다.
7. 먹이를 집으로 나를 때에
8. 여럿이 힘을 합하여 들고
9. 사이좋게 나누어 먹습니다.
10. 개미는 진딧물의 단물을 먹고

95쪽
1. 병헌이는 말썽꾸러기입니다.
2. 알아들을 수 없을 때
3. 다투는 일도 생기고는 합니다.
4. 반에서 인기가 많습니다.
5. 고운 말을 쓰기 때문이지요.
6. 잘하였어. 미안해. 괜찮아.
7. 기분을 좋게 만들지요.
8. 늘 웃음이 끊이지 않습니다.
9. 현장 체험 학습을 갔는데
10. 모둠발 뛰기와 엇갈려 뛰기

96쪽
1. 조금 떨어져서 바른 자세로
2. 허리를 굽혀 인사합니다.
3. 서로를 힘껏 껴안습니다.
4. 한쪽 다리로 서서 잡니다.
5. 부리를 깃털 사이에 파묻고
6. 빨리 도망가기 쉽게
7. 보기만 해도 겁이 나는
8. 코를 땅에 대고 킁킁거리며
9. 만지면 말랑말랑합니다.
10. 네모난 지우개 네 것이지?

97쪽
1. 반갑게 맞이해 주셨어요.
2. 정성껏 차려 주신 점심
3. 구경을 온 사람들이 많았어요.
4. 구렁이를 쫓아냈습니다.
5. 커다란 박이 주렁주렁 열렸고
6. 쓰지 않는 물건
7. 쭈뼛쭈뼛 몇 번을 망설이더니
8. 웃으며 꼭 껴안았습니다.
9. 화들짝 놀라 졸음을 깨고는
10. 꼼짝 않고 있을 거예요.

98쪽
1. 집으로 돌아오던 길이었습니다.
2. 동전을 떨어뜨리고
3. 어려운 이웃을 도울 수도
4. 안타까운 마음이 들었습니다.
5. 마음이 설레었습니다.
6. 연기를 내뿜지 않았습니다.
7. 대중교통을 이용하는 습관
8. 많이 쓰면 환경이 오염된단다.
9. 새끼손가락을 걸고
10. 자전거 페달을 힘차게 밟는

99쪽
1. 전학을 와서 많이 낯설었는데
2. 공기놀이하지 않을래?
3. 잃어버리지 않고 기억할게.
4. 가게 위치 좀 알려 줘.
5. 정말 읽고 싶었던 책
6. 지난번에 정말 고마웠어.
7. 내 생일에 반드시 초대할게.
8. 해와 구름이 숨바꼭질을 하네.
9. 친구들과 키 재기를 하였다.
10. 앞으로 열심히 공부할게요

100쪽
1. 달력을 ∨보고 ∨씩 ∨웃었다.
2. 저녁 ∨비가 ∨주르륵
3. 엄지손가락만 ∨한 ∨벌 ∨한 ∨마리
4. 창문 ∨위에서 ∨앵앵거리고
5. 선생님께서 ∨호루라기를 ∨부셨다.
6. 누구 ∨키가 ∨더 ∨큰지 ∨대보았다.
7. 들었던 ∨발뒤꿈치를 ∨내렸다.
8. 흙에서 ∨캐낸 ∨동글동글한 ∨감자
9. 노릇노릇 ∨뜨끈뜨끈
10. 딱지가 ∨홀딱 ∨넘어갈 ∨때

101쪽
1. 회오리바람이 ∨불던 ∨날
2. 반갑게 ∨맞아 ∨줄 ∨것이오.
3. 양지 ∨볕에서 ∨꼬박꼬박 ∨졸다가
4. 온갖 ∨물건을 ∨사고팔고
5. 실컷 ∨구경을 ∨하고 ∨싶었지만
6. 골목길을 ∨빠져나와
7. 시치미를 ∨뚝 ∨떼고 ∨말았어요.
8. 봉오리가 ∨맺힌 ∨패랭이꽃
9. 안 ∨핀 ∨데를 ∨찾아보세요.
10. 튼튼한 ∨동아줄을 ∨내려 ∨주세요.

102쪽
1. 바쁜 ∨내 ∨콧구멍
2. 웃으면 ∨안 ∨되는데
3. 앞니 ∨두 ∨개 ∨뽑았다.
4. 자꾸만 ∨간지럼 ∨태운다.
5. 콧물 ∨들이마시랴 ∨숨 ∨쉬랴
6. 고기들은 ∨왔다갔다
7. 버들가지 ∨한들한들
8. 반드시 ∨다섯을 ∨셀 ∨동안에
9. 생선도 ∨있고, ∨떡볶이도 ∨있고,
10. 팥 ∨심은 ∨데 ∨팥 ∨난다.

11~15단계 평가 정답

11단계 구개음으로 바뀌는 글자
1. (1)-ⓒ (2)-ⓒ (3)-㉠ 2. (1) 해돋이 (2) 샅샅이 (3) 접붙이면 3. (1) 맏이 (2) 금붙이 (3) 샅샅이 (4) 등받이 (5) 가을걷이 (6) 해돋이 (7) 피붙이 (8) 굳이 4. (1) ① (2) ② (3) ① (4) ① (5) ② (6) ③ (7) ① (8) ② 5. (1) 맏이 (2) 같이 (3) 해돋이 (4) 감쪽같이 (5) 붙이다 (6) 가을걷이 (7) 미닫이 (8) 샅샅이

12단계 거센소리가 나는 글자
1. (1)-ⓒ (2)-㉠ (3)-ⓒ 2. (1) 어떻게 (2) 벌겋다. (3) 젖히다. 3. (1) 국화 (2) 입학 (3) 맏형 (4) 축하 (5) 식혜 (6) 벌겋다 (7) 사이좋게 (8) 젖히다 4. (1) ② (2) ① (3) ③ (4) ① (5) ② (6) ③ (7) ② (8) ① 5. (1) 닿지 (2) 넣고 (3) 빨갛게 (4) 입학 (5) 뽑혀 (6) 파랗게 (7) 사이좋게 (8) 닫힌

13단계 받침의 표기와 소리가 다른 글자
1. (1)-ⓒ (2)-ⓒ (3)-㉠ 2. (1) 닦았어요. (2) 단풍잎 (3) 빚어 3. (1) 젓가락 (2) 부엌 (3) 옆선 (4) 헝겊 (5) 깎다 (6) 팥 (7) 대낮 (8) 여섯 4. (1) ① (2) ② (3) ① (4) ① (5) ② (6) ① (7) ② (8) ③ 5. (1) 숲 (2) 무릎 (3) 묶다 (4) 낯선 (5) 버릇 (6) 젓가락 (7) 가마솥 (8) 햇볕, 꽃밭

14단계 자음의 발음이 닮아가는 글자
1. (1)-ⓒ (2)-㉠ (3)-ⓒ 2. (1) 볶는다. (2) 짖는 (3) 앞머리 3. (1) 막내 (2) 첫눈 (3) 낱말 (4) 설날 (5) 난로 (6) 빗물 (7) 음료수 (8) 불꽃놀이 4. (1) ① (2) ① (3) ② (4) ① (5) ③ (6) ① (7) ② (8) ③ 5. (1) 줄넘기 (2) 속눈썹 (3) 속력 (4) 낱말 (5) 앞머리 (6) 설날, 첫눈 (7) 공룡 (8) 음료수, 먹는다

15단계 발음이 같아서 헷갈리는 글자
1. (1)-㉠ (2)-ⓒ (3)-ⓒ 2. (1) 다린다. (2) 반듯이 (3) 절인다. 3. (1) 거름 (2) 다리미 (3) 늘이다 (4) 걸음 (5) 맞히다 (6) 마치다 (7) 반듯이 (8) 절이다 4. (1) ① (2) ① (3) ② (4) ② (5) ① (6) ① (7) ② (8) ① 5. (1) 걸음 (2) 달이는 (3) 반듯이 (4) 다쳤다 (5) 부치고 (6) 마치고 (7) 붙이다 (8) 맞히다

틀린 글자나 문장을 연습해요.

틀린 글자나 문장을 연습해요.

퍼플카우콘텐츠팀 | 재미있고 유익한 어린이 책을 기획하고 만드는 사람들입니다. 기획자, 전문작가, 편집자 등으로 구성되어 퍼플카우의 '베껴 쓰는 워크북 시리즈'를 비롯한 아동 교양 실용서를 만들고 있습니다.

이우일 | 어린 시절, 구석진 다락방에서 삼촌과 고모의 외국 잡지를 탐독하며 조용히 만화가의 꿈을 키워 오다 홍익대학교 시각디자인학과에 들어가 그 꿈을 맘껏 펼치기 시작합니다. 신선한 아이디어로 '도날드 닭', '노빈손' 등 재미있는 그림을 그려 사람들을 즐겁게 해주고 있습니다. 지은 책으로는 《우일우화》, 《옥수수빵파랑》, 《좋은 여행》, 《고양이 카프카의 고백》 등이 있습니다. 그림책 작가인 아내 선현경, 딸 은서, 고양이 카프카, 비비와 함께 그림을 그리고 글을 쓰며 살고 있습니다.

베껴라 베껴! 받아쓰기왕 3

초판 1쇄 발행 | 2014년 4월 1일

지은이 | 퍼플카우콘텐츠팀
그린이 | 이우일
펴낸곳 | 퍼플카우
펴낸이 | 김일희 · 김철원

기획 · 편집 | 김일희
마케팅 | 김철원
디자인 | 박영정

출판신고 | 2008년 03월 04일 제2008-000021호
주소 | 서울특별시 마포구 월드컵북로 6길 53 칼라빌딩 402호 (우)121-869
대표전화 · 팩시밀리 | 070-8668-8800 (F)070-7500-0555
이메일 | purplecowow@gmail.com
커뮤니티 | cafe.naver.com/purplecowow
SNS 트위터 | purplecowow
페이스북 | facebook.com/purplecowow

ISBN 978-89-97838-32-5 (64710)
ISBN 978-89-97838-27-1 (세트)
이 책의 판권은 저자와 (주)퍼플카우콘텐츠그룹에 있습니다.
저작권법에 의해 보호 받는 저작물이므로 무단전재와 복제를 금합니다.
책값은 뒤표지에 있습니다. 잘못된 책은 구입한 곳에서 바꾸어 드립니다.

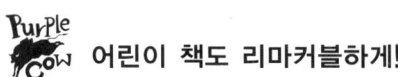 어린이 책도 리마커블하게!